AF313024

NOTICE

SUR M. LE COMTE

A. DE SAINT-PRIEST,

PAR

M. LE BARON DE BARANTE,

DE L'ACADÉMIE FRANÇAISE.

PARIS,

TYPOGRAPHIE DE FIRMIN DIDOT FRÈRES,

IMPRIMEURS DE L'INSTITUT,

RUE JACOB, 56.

1852.

NOTICE

SUR M. LE COMTE

A. DE SAINT-PRIEST,

PAR

M. LE BARON DE BARANTE,

DE L'ACADÉMIE FRANÇAISE.

PARIS. — TYPOGRAPHIE DE FIRMIN DIDOT FRÈRES,
Rue Jacob, 56.

NOTICE

SUR M. LE COMTE

A. DE SAINT-PRIEST.

Il y a quelques années que M. Alexis de Saint-Priest me demanda d'écrire la vie de son grand-père, le comte de Saint-Priest, ambassadeur et ministre de Louis XVI. Maintenant, contre l'ordre de la nature, je vais remplir le triste office d'honorer la mémoire d'un ami qui aurait dû me survivre de plus de vingt ans. Lorsque je racontais les historiques vicissitudes de la longue carrière de l'aïeul, j'étais loin de penser que je serais appelé à recueillir les souvenirs et les regrets que laisse le petit-fils.

Le comte Alexis de Saint-Priest était né à Saint-Pétersbourg. Son grand-père avait été ministre de Louis XVI jusqu'au moment où il ne fut plus permis à ce malheureux roi de conserver dans son conseil les fidèles et derniers défenseurs de la monarchie. Il quitta la France lorsque son dévouement était devenu inutile, lorsque les journaux et les pamphlets le désignaient chaque jour aux fureurs populaires. Sans avoir reçu aucune instruction du roi, il chercha encore à servir sa cause et à reconnaître quelles étaient les réelles intentions des cours européennes pour lui porter aide ou secours.

Il reçut un accueil distingué de l'impératrice Catherine : elle souhaitait qu'il entrât au service de Russie. M. de Saint-Priest répondit qu'ayant été honoré de la confiance de son souverain, il ne pouvait servir aucun autre. L'impératrice ne lui en témoigna que plus de considération et de bienveillance. Sans perdre sa qualité de Français, il trouva en Russie une existence conforme à sa position, et continua à se dévouer aux intérêts de la cause royale. Il fut ministre de Louis XVIII, souverain exilé de son royaume, et ne quitta ce triste et inutile emploi qu'en 1807, lorsque son âge et sa santé lui commandèrent le repos.

Cependant les fils de M. de Saint-Priest étaient entrés au service de Russie. Emmanuel, l'aîné, suivit activement la carrière des armes, et s'y distingua par des actions d'éclat et d'honorables blessures. C'est lui qui périt dans la campagne de 1814, d'une blessure reçue à la bataille de Reims.

Armand de Saint-Priest, son frère, était aussi entré dans l'armée en Russie; c'était alors, encore plus qu'à présent, le noviciat de toutes les carrières. En 1814, il épousa la princesse Sophie Galitzin, de cette grande et antique famille russe des souverains de Lithuanie. Elle avait pour mère une princesse de Géorgie, dont la race, naguère souveraine, était, depuis la conquête, devenue sujette de l'empire russe.

Le comte Armand de Saint-Priest, alors dans la haute administration, fut gouverneur civil d'Odessa. C'est dans cette ville que vécut, pendant toute son enfance, Alexis de Saint-Priest, et qu'il fut élevé. Le duc de Richelieu était gouverneur de la Nouvelle-Russie : il fut le fondateur d'Odessa, et porta la civilisation sur cette côte devenue déserte ou tartare, encore toute parsemée des ruines des colonies grecques, du royaume de Mithridate et des établissements génois et vénitiens du moyen âge. Sous l'administration juste, douce et libérale de M. de Richelieu, Odessa devenait une échelle du Levant. Grecs, Italiens, négociants de toutes nations s'y établissaient; des émigrés français étaient venus y chercher asile. Un collége y était fondé par l'abbé Nicolle, homme distingué par son caractère, son esprit, son savoir, riche des traditions de l'instruction publique et de l'université de Paris.

M. de Saint-Priest fit ainsi ses études au milieu

des souvenirs français. A cette époque, la jeunesse des grandes familles russes recevait, par l'éducation privée ou dans les universités étrangères, et même dans quelques écoles récemment fondées par le gouvernement, une éducation européenne ou même française, plutôt que nationale. Le règne de Catherine avait mis son empire en communication avec l'Europe par l'esprit et les lettres : elle acheva ainsi l'œuvre de Pierre le Grand, qui n'avait cherché dans la civilisation occidentale que le perfectionnement de la guerre, de la marine et du commerce.

Lors donc qu'Alexis de Saint-Priest arriva en France, il n'était nullement dépaysé. Son éducation avait même plus d'étendue et de variété que s'il eût été élevé sous la discipline militaire de nos lycées impériaux. Il tenait, soit de l'enseignement qu'il avait reçu, soit de son origine slave et de son contact avec la société russe et polonaise, une merveilleuse facilité à savoir toutes les langues, une mémoire étonnante, l'habitude du travail, le besoin d'augmenter sans cesse son instruction par la lecture, une rédaction correcte, claire et vive. Tels étaient les avantages qui distinguaient M. de Saint-Priest, lorsqu'il débuta dans le monde, à seize ou dix-sept ans. Mais ce qui le faisait surtout remarquer parmi les hommes de sa génération et dans la société parisienne, où

il se trouvait tout à coup transporté, c'était le goût,
le culte de l'esprit, le désir de plaire et de réussir
par la conversation. Ce jeune homme, arrivant des
bords de la mer Noire, avait plus que ses contem-
porains le ton et les habitudes des salons que nos
révolutions avaient fermés ou changés. Dès 1789,
une femme de beaucoup d'esprit se plaignait que la
révolution gâtait la conversation. A cet esprit dégagé,
à cette indépendance de parole, à ce mélange de verve
plus ou moins sérieuse et de plaisanterie piquante
sans trop de malveillance, avaient succédé la dis-
cussion des intérêts les plus graves, la controverse
passionnée, l'âpreté des opinions de partis, la con-
trainte imposée par la position politique, et une
certaine hypocrisie de conviction. Le commerce de
la société était devenu difficile, épineux, tantôt ai-
gre et emporté, tantôt réservé et plein de précau-
tions. L'esprit était devenu une arme dangereuse; il
excitait la méfiance; il n'était plus cette jouissance
commune; il ne se trouvait plus encouragé par la
bienveillance et le succès; il n'était plus admis que
dans la société intime ou dans les rares salons qui
conservaient les anciennes habitudes.

La haute société russe avait peut-être mieux con-
servé le ton et les formes de la conversation française d'autrefois. La liberté politique n'était pas
venue gêner la liberté facile de la parole familière.

L'esprit pouvait toucher à tout, parce qu'il ne voulait rien détruire.

Cette influence avait agi sur M. de Saint-Priest; il était resté étranger aux événements et aux situations qui nous avaient rendus, sinon plus sages, du moins plus sérieux. Il chercha donc le même genre de succès auxquels il eût prétendu s'il fût entré dans le monde en 1780.

Dans ce temps-là, l'esprit tenait de près à la littérature : on avait beau être homme du monde, on vivait plus ou moins rapproché des gens de lettres, on était au courant de tout ce qui s'imprimait; on gardait le goût des études classiques; on restait familier avec les grands écrivains; on les savait par cœur, assez du moins pour les citer, ou pour y faire souvent allusion; on était soi-même un peu écrivain ou prêt à le devenir par occasion.

M. de Saint-Priest était tout décidé à l'être; son émulation se dirigeait à la fois vers les succès littéraires et vers les succès de société. Il se hâta d'être en relation avec les hommes qui avaient ou qui allaient avoir une réputation. A peine avait-il dix-sept ans, qu'il fournit à la collection des théâtres étrangers le volume du théâtre russe. Il y avait en France peu de juges du mérite de la traduction; mais le style était facile, vif et naturel. Les notices et les préfaces ne semblaient pas d'un écolier qui vient de finir ses classes : c'était déjà la critique d'un homme de goût.

La vie du monde et les plaisirs de la conversation ne changèrent en rien ses habitudes studieuses. Il lisait prodigieusement, et sans rien publier; il écrivait, s'essayait, et, cherchant quelle direction il donnerait à son activité littéraire, il voyagea en Italie et y recueillit une foule de souvenirs : ce fut surtout comme théâtre de tant de révolutions et de renouvellements, de tant de guerres, d'invasions, de passages des peuples, de formes diverses de gouvernements, qu'il observait cette antique contrée. Il la parcourait en étudiant les historiens anciens et les chroniques du moyen âge. Rome était grande à ses yeux par la vaste domination qu'elle a exercée sur la civilisation antique, puis sur la civilisation chrétienne et moderne. Ces études, faites sur les lieux, devaient plus tard trouver place dans ses deux principaux ouvrages.

En 1829, il voyagea en Espagne, et fit imprimer dans la *Revue française* une lettre sur l'état de la Péninsule à cette époque. Ce morceau fut remarqué : il prouvait une grande sagacité d'observation. Le récit du voyage était plein de mouvement, sans nulle trace d'affectation.

Pendant la Restauration, M. de Saint-Priest n'avait pas semblé s'occuper de politique, et ne s'était point mêlé aux luttes des opinions ; mais sa vocation littéraire, mais ses relations avec des écrivains distingués, et la tournure de son esprit l'inclinaient du côté libéral. Il prit donc en bonne part la révolution de Juillet. A peu près contemporain de M. le duc d'Orléans, admis dans l'intimité de ce jeune prince, il y reçut un accueil encourageant, et songea à entrer dans la carrière diplomatique : c'était pour lui un héritage de famille. Il était marié depuis quelques années ; il avait épousé mademoiselle de la Guiche, s'alliant ainsi à une des maisons dont les titres de noblesse sont écrits dans l'histoire de France. Il regarda comme un devoir de maintenir ses enfants dans la situation que leur nom et leur parenté les appelleraient à occuper personnellement. Il n'avait point d'ambition, ni un véritable désir de se mêler aux affaires publiques : sa fortune et sa position dans le monde lui donnaient satisfaction et indépendance ; mais voyager comme représentant de son pays, connaître les cours étrangères et les hommes politiques, observer les gouvernements, les institutions, les mœurs et les intérêts des diverses nations, c'était une occasion d'étude, de réflexion, un moyen d'augmenter la somme de ses connaissances et de ses pensées.

Il fut d'abord ministre au Brésil, puis en Portugal, et plus tard à Copenhague. Hormis quelques transactions importantes, la politique, sous le règne du roi Louis-Philippe, n'imposait aux agents diplomatiques d'autre habileté que de bien observer les dispositions des gouvernements, les projets qu'ils pouvaient concevoir, si la paix, que tous voulaient sincèrement maintenir, venait à être troublée. Il fallait montrer que la France était forte, mais point agressive; qu'elle n'avait d'autre prétention que de tenir son rang, et de ne rester jamais étrangère au règlement des intérêts généraux. Quoi qu'on ait pu dire, cette position ne lui était pas disputée. Ainsi le mérite des envoyés français consistait dans leur discernement, dans le tact des convenances et le sentiment de la dignité nationale. M. de Saint-Priest remplissait toutes ces conditions : il fut accueilli avec distinction dans les cours où il représenta son pays; ses qualités personnelles, comme son caractère officiel, lui concilièrent partout une honorable considération.

Après avoir suivi pendant dix ans la carrière diplomatique, il n'y trouva plus le même intérêt. Son esprit était plus actif que ses fonctions. Il revint en France, et fut bientôt nommé à la chambre des pairs, où le comte Armand de Saint-Priest, son père, siégeait depuis vingt ans à titre héréditaire.

Ses missions lui avaient laissé du loisir, et il avait continué à consacrer une grande part de ses journées à l'étude. Il apporta du Danemark un livre presque entièrement achevé, qu'il publia en 1842. Peut-être avait-il conçu au Brésil la première pensée de l'histoire de la royauté. Il avait remarqué comment, placé dans les mêmes conditions que les possessions espagnoles, ce vaste pays était préservé des révolutions qui tourmentaient sans relâche les nouvelles républiques américaines. Ce n'était pas, disait-il, par la volonté d'un souverain enfant, par l'habileté de ses ministres, par les bienfaits d'une bonne administration, que le Brésil conservait le repos, l'ordre et la stabilité. Il lui sembla que cette situation calme et heureuse, comparativement aux colonies de race espagnole, pouvait être attribuée à l'institution monarchique. Le respect et l'idée de durée qui s'attachent à une autorité garantie contre les renouvellements et les interruptions, et renfermant en elle-même un principe de droit, inspirèrent à M. de Saint-Priest le projet de rechercher les origines et les variations de la royauté. Il reconnut dans l'antique Orient la première notion de la monarchie à la fois consacrée par le prestige religieux et par l'attribution de la souveraineté conférée immuablement à une race. Le principe de cette royauté primitive ne se retrouvait plus chez les Hébreux, où le sacerdoce élisait et sacrait les rois. La civilisation grecque et romaine avait complétement ignoré le sens que le monde moderne a attaché depuis au mot *monarchie*. L'histoire des rois de l'époque héroïque se mêle à la mythologie. Les empereurs ne purent jamais exercer le pouvoir que comme un commandement usurpé. M. de Saint-Priest ne retrouve la royauté telle qu'il la définit que chez les peuples germains, et il suit les vicissitudes et les modifications qu'elle a subies depuis l'invasion des barbares jusqu'au moyen âge et à la période féodale.

Ce genre de recherches exige beaucoup d'érudition et de sagacité. Le livre de M. de Saint-Priest abonde de l'une et de l'autre. Lorsqu'on écrit l'histoire d'une idée abstraite, lorsqu'on cherche dans les faits la preuve d'un système conçu d'après un premier aperçu, on court le risque de regarder les événements sous un seul point de vue, de porter son attention sur un seul ordre de témoignages, et de changer une première vue, ingénieuse et vraie sous un certain rapport, en un résumé total, en une déduction trop générale et trop absolue.

M. de Saint-Priest pouvait mieux que tout autre échapper à cet inconvénient : son esprit avait une indépendance qui ne portait pas le joug de son propre système. D'ailleurs, chemin faisant, il rencontrait telle époque et tel grand événement qui s'emparait de son attention, et il en développait les causes, les circonstances et les résultats, sans les rattacher forcément à l'histoire de la royauté. C'est

ainsi que la moitié du second volume est employée
à raconter ce que furent Rome et la papauté depuis
la chute de l'empire romain jusqu'à l'établissement
de la puissance territoriale et temporelle des papes.
Ce morceau d'histoire est le fruit de patientes et
scrupuleuses recherches ; il est aussi intéressant
qu'instructif.

Deux ans après, un long article inséré dans la
Revue des Deux-Mondes obtint un très-grand succès. Il a depuis été reproduit par plusieurs éditions,
et restera un des principaux titres littéraires de
M. de Saint-Priest. Alors commençait, à l'occasion
d'une loi sur l'instruction publique, la vive controverse du clergé de France avec la philosophie uni-
versitaire ; encore une fois les jésuites se retrouvaient
en cause. M. de Saint-Priest eut tout le mérite de l'à-
propos, en publiant l'histoire de la suppression de
l'ordre des jésuites. Tout récent qu'était cet événement, les détails et les vraies circonstances en étaient
oubliés ou ignorés. Lorsque l'esprit de parti, lorsque
la polémique des opinions se passionnent à l'occasion d'un fait, il advient que le public n'en a connaissance qu'à travers des récits défigurés, des suppositions hasardées, des mensonges intéressés :
alors une espèce de légende ou de roman historique prend la place de l'histoire, et passe pour la
vérité dans l'esprit du vulgaire.

M. de Saint-Priest apporta un soin minutieux à ce travail, et en même temps une parfaite impartialité qui ne lui coûtait aucun effort, tant elle était conforme à sa disposition habituelle. Au lieu de voir dans la suppression de l'ordre une œuvre de la philosophie du dix-huitième siècle, une action du jansénisme parlementaire, une attaque contre les plus forts et les plus habiles défenseurs de la religion, il raconta et expliqua comment tout s'était passé dans la région politique ; comment les intérêts de corporation, les habitudes impérieuses du général des jésuites, habitudes inhérentes à la constitution de l'ordre, surtout l'inconvénient fondamental du caractère monacal porté dans les affaires du monde, avaient mis les jésuites en lutte avec les gouvernements de plusieurs puissances catholiques, le Portugal d'abord, puis l'Espagne et la France, qui fut moins vive et moins obstinée. Il montra comment les jésuites témoignèrent, dans ce long conflit, peu d'habileté et peu de connaissance des hommes et des affaires. Sur certains points, leur résistance fut honorable et pieuse ; sur d'autres, ils auraient pu et dû céder. La célèbre et altière réponse : « *Sint ut sunt, aut non sint,* » prouva qu'ils ne se rendaient pas compte de la différence des temps et des changements qui, depuis la fondation de l'ordre, s'étaient opérés dans le gouvernement des États et l'esprit des peuples. Ils ne voulurent pas d'une réforme qui aurait laissé à l'ordre tout ce que son influence et son activité avaient d'utile à la religion. Lorsque quarante ans après ils ont été rétablis, il leur a été manifeste que maintenant « *non sunt, ut erant.* » Les procédés despotiques, les persécutions, les menaces dont on usa contre eux, la violence employée contre le saint-siége pour obtenir la bulle de suppression, ne sont nullement déguisés ni excusés par l'historien.

On suit avec un extrême intérêt les progrès de cette longue négociation ; les faits sont mis hors de doute avec un soin minutieux ; les preuves, puisées aux archives diplomatiques de Portugal, d'Espagne et de France, sont encadrées dans le récit. Les conversations et les anecdotes, prises dans les dépêches des ministres et des ambassadeurs, donnent à cette œuvre historique un caractère vivant et souvent dramatique. Les personnages sont peints avec une vérité et une finesse de nuances qui n'ont rien de recherché ni de subtil. La tyrannie de Pombal, l'insouciance tranchante du duc de Choiseul, l'indifférence et l'incertitude de Louis XV, l'esprit dédaigneux et sarcastique de Joseph II, la frivolité du cardinal de Bernis, les scènes du conclave, le caractère des trois papes Benoît XIV, Clément XIII et Clément XIV (Ganganelli), qu'on a si facétieusement travesti, sont représentés avec un esprit qui rappelle le cardinal de Retz sans aucune trace d'imitation.

Quelque temps après parut un autre travail exécuté avec le même soin, la même recherche du vrai. Le sujet était encore emprunté à l'histoire politique du règne de Louis XV. La perte de la puissance française dans l'Inde est un des épisodes honteux de ce gouvernement. Les détails en étaient ignorés du public; on ne savait pas assez avec quelle faiblesse, avec quelle inattention, avec quelle incurie avait été abandonné un si grand intérêt, avec quelle dure injustice avait été traité Dupleix, et comment il avait été puni de son habileté, de son courage, de son dévouement. M. de Saint-Priest a rempli un devoir politique en honorant sa mémoire.

La chambre des pairs ne tenait pas dans la vie de M. de Saint-Priest autant de place que peut-être il l'avait pensé. Ses opinions politiques avaient peu de vivacité; il n'appartenait à aucun parti, il pouvait être plus ou moins content, plus ou moins porté au blâme ou à l'opposition, mais il ne se passionnait point à défaire ou à refaire des ministères. Ainsi il ne trouvait pas en lui les inspirations qui peuvent faire espérer des succès de tribune, il suivait son goût et sa vocation pour les lettres, et ne songeait pas à s'en détourner.

A la fin de 1847, il fit paraître l'ouvrage le plus considérable qu'il eût encore publié, l'*Histoire de la conquête de Naples* par Charles d'Anjou. Ce n'était plus un épisode détaché de la série des événements généraux, pour être étudié et raconté dans ses détails, mais le récit varié et successif d'une invasion dont les résultats immédiats furent grands et les conséquences longtemps prolongées. En même temps c'était la peinture d'une époque remarquable, d'un siècle où le moyen âge prit un nouvel aspect. M. de Saint-Priest, en choisissant cette tâche, jugea tout l'intérêt qu'elle devait avoir; il y apporta le travail et l'exactitude qu'il mettait toujours dans les recherches historiques et dans le dépouillement des informations et des témoignages. La composition de son ouvrage, son unité, l'art du récit, l'enchaînement des faits, la peinture des mœurs de ce siècle, l'exposé de la situation des principaux États européens, le caractère des principaux personnages, la diversité des armées et des peuples qui se heurtaient les uns contre les autres : tels sont les mérites de cet ouvrage; ils lui valurent un véritable succès.

L'auteur avait souhaité que ce livre lui ouvrît les portes de l'Académie; son espérance ne fut point trompée : il fut élu en 1849. Autrefois le titre d'homme du grand monde et d'homme d'esprit suffisait pour prendre place dans cette compagnie, dont le caractère traditionnel était d'appartenir à la fois aux lettres et à la société qui les aime et les apprécie. Maintenant il semble que l'opinion publique exige qu'un académicien ait fait ses preuves littéraires, et montre qu'il sait bien écrire ou bien parler. M. de Saint-Priest aurait été de l'Académie du temps passé, il était encore plus flatté d'en être aux conditions actuelles.

Il succédait à M. Vatout, qui était mort avant sa réception. Ainsi le récipiendaire avait à honorer la mémoire de ses deux prédécesseurs. Son discours fut très-applaudi ; le public y retrouva toute la finesse et le mouvement de sa conversation et de son style. On était curieux de savoir comment cet esprit si net, si précis, si rempli de trait, saurait louer et apprécier la rêveuse et poétique philosophie de M. Ballanche et ses systèmes historiques, où d'ingénieuses considérations remplacent les faits. M. de Saint-Priest en parla avec naturel, et montra que lui aussi savait sentir le charme d'un talent si différent du sien.

M. Vatout était mort dans un exil volontaire ; il avait suivi sur la terre étrangère le vieux roi à qui la France devait dix-huit années de calme, de bien-être et de liberté. « Le malheur l'avait rendu plus dévoué à la noble famille qu'il avait aimée, plus attaché à la cause qu'il avait servie. » C'était en ces termes que M. de Saint-Priest s'exprimait sur son prédécesseur. Lui-même était loin de renier les opinions qu'il avait professées, non plus que sa respectueuse affection pour le prince qui l'avait honoré de son amitié. Des récits inexacts, de calomnieuses suppositions avaient outragé madame la duchesse d'Orléans ; M. de Saint-Priest en fut irrité : la *Revue des Deux-Mondes* imprima une relation des tristes scènes du 24 février et des actes de violence qui anéantirent tous les pouvoirs et les lois de l'État. Il rétablit la vérité des faits, il rappela le courage de cette noble mère et les dangers qui menacèrent elle et ses enfants. En même temps il raconta ce qu'était le duc d'Orléans, son patriotisme, son discernement, la sagesse de sa conduite, sa connaissance des difficultés du gouvernement, ses idées sur un avenir dont il était l'espérance.

Ce fut une des dernières publications de M. de Saint-Priest : il donna quelque temps après un morceau sur le partage de la Pologne, où était exposée la politique de tous les cabinets de l'Europe, dans ce premier exemple de révolution et d'attentat à une souveraineté. Cet écrit présente le même genre de mérite qui distingue la suppression des jésuites et la perte de l'Inde : le sujet a plus de grandeur et d'intérêt. Les mœurs et le caractère de la noblesse polonaise, la tradition anarchique qui pesait fatalement sur cette vaillante et malheureuse nation, ressortent du récit que l'auteur a tiré des correspondances et des pièces diplomatiques.

La politique du xviiie siècle était devenue l'objet principal des études et des réflexions de M. de Saint-Priest. Toutefois il n'avait pas l'intention d'en faire un tableau total; il était porté à traiter ce sujet par des mémoires séparés. Il doit avoir laissé beaucoup de notes réunies pour écrire le ministère de M. de Choiseul. La vie de Voltaire, dont il s'occupait assidûment depuis deux ans, devait entrer dans cette série de travaux sur le dernier siècle. Il ne voulait pas en faire un livre de critique littéraire, ni un examen philosophique des opinions et des idées que Voltaire a répandues par ses écrits. Il recherchait quelle influence directe, et pour ainsi dire personnelle, il avait pu avoir sur la politique par ses relations ou ses correspondances avec des souverains, par ses liaisons avec des hommes de la cour, des ministres ou des gens importants dans les affaires, par les missions dont il fut chargé, par son contact avec les discordes intérieures de la république de Genève. On a traité sans cesse de l'action que la philosophie et la littérature françaises ont exercée sur les opinions et les peuples; M. de Saint-Priest voulait constater comment elles avaient agi aussi sur le gouvernement et l'administration des États.

Nous avons parlé jusqu'ici de M. de Saint-Priest dans ses rapports avec le public. On pourrait croire qu'il a été seulement ambassadeur et académicien. Ses amis et la société où il vivait savent qu'il était avant tout un homme aimable, spirituel, d'un commerce bienveillant et facile : de tous les succès, celui qu'il ambitionnait le plus, c'était celui-là. A le rencontrer dans le monde, à deviser avec lui dans son cabinet, on eût dit qu'il n'avait d'autre goût, d'autre emploi de son temps que la conversation : la sienne était animée, brillante, mais parfaitement naturelle, sans nul apprêt ni prétention. Tout l'intéressait; son esprit était ouvert à toutes les pensées, à toutes les connaissances; il aimait à écouter autant qu'à parler : il ne lui fallait pas un auditoire pour l'applaudir; converser tête à tête avec un ami était un plaisir aussi grand pour lui que d'être écouté par un cercle d'approbateurs; il était aussi aimable, aussi en train avec ses enfants au coin du feu que dans un salon. « Autour de lui tout était joie et intelligence, » disait une de ses filles : il ne s'ennuyait jamais; le travail n'était point pour lui un assujettissement; il se laissait interrompre et distraire tant qu'on voulait.

Sa vie était heureuse; il ne la demandait pas autre qu'elle n'était. Il avait marié ses deux filles;

elles portaient de nobles noms : Clermont-Tonnerre et d'Harcourt. Il était vers la moitié de la vie, dans toute la force de l'âge; c'est alors qu'il a été frappé.

Depuis longtemps il avait le projet de faire un voyage en Russie : son père y était presque fixé depuis quelques années. Sa sœur, la princesse Dolgorouki, y tient un rang distingué; il lui était attaché, non pas seulement par le lien du sang, mais par des rapports d'esprit et de sympathie. Après deux mois de séjour en Russie, il se trouvait à Moscou, lorsqu'il se sentit gravement malade : c'était une souffrance locale et qui semblait accidentelle; mais un pressentiment, une conscience intime de la gravité de son état s'emparèrent de son esprit sans le troubler.

Son mal exigeait quelques opérations; elles ne le soulagèrent que momentanément. Ce fut précisément dans ce court intervalle qu'il réclama les secours de la religion. Il avait déjà témoigné cette intention; maintenant il pria son père de hâter la visite du curé catholique de Moscou. Cette première conversation fut suivie de plusieurs autres, et cinq jours après il reçut la communion. Son père avait assisté à la sainte cérémonie, et, le voyant en disposition meilleure, il lui demanda s'il se trouvait plus tranquille : « Oui, dit le malade, je suis plus tranquille sous tous les rapports. »

Dans le cours de cette journée, les symptômes de la fièvre typhoïde se manifestèrent; le délire commença et la parole se troubla; mais il reconnaissait les personnes qui l'entouraient; parfois des lueurs de raison apparaissaient, et il disait : « Mes enfants! » La pensée de mourir si loin d'eux semblait lui être douloureuse.

Cette agonie dura six jours. Le 25 septembre, il reçut le dernier sacrement. S'affaiblissant par degrés, il s'éteignit le surlendemain à dix heures et demie du soir. Ses obsèques furent célébrées dans l'église catholique de Saint-Louis. Son père et plusieurs des parents de sa mère qui se trouvaient à Moscou suivirent son convoi jusqu'au lieu où il repose en terre étrangère. La Russie était son pays natal, mais sa patrie fut toujours la France.